Thea Gouverneur

Blütenzauber in Kreuzstich

Dieses Buch widme ich meinen Eltern für ihre Liebe und die Unterstützung, mit der sie mich meine gesamte Kindheit hindurch und während meiner künstlerischen Ausbildung begleitet haben. Die Wärme und Großzügigkeit meiner Mutter und die Stärke und positive Haltung meines Vaters haben mir die perfekte Grundlage für meine Arbeit gegeben.

Titel der Originalausgabe
Flower Portraits in Cross Stitch
Zuerst veröffentlicht 2001
von Murdoch Books UK Ltd.

Deutsche Erstausgabe

Text: Thea Couverneur, Heather Haynes
Lektorat und Redaktion: Karen Hemingway, Dawn Henderson
Layout und Design: Alyson Kyles
Fotografien: Joe Filshie, Michelle Garrett, Dominic Blackmore

Koordination und Bearbeitung der deutschen Ausgabe:
Der Buch*macher*, Arthur Lenner, München

Übertragung ins Deutsche:
Übersetzung: Annegret Hunke-Wormser, Heidelberg
Redaktionelle Betreuung: Heike John, Brunnthal

Umschlaggestaltung: Büro Lehmacher, Friedberg (Bayern)
Umschlagmotiv: Hans Reinhard, OKAPIA - München
Gesamtherstellung: Druckerei Appl, Wemding

Printed in Germany

ISBN 3-8289-2408-5

Thea Gouverneur

Blütenzauber in Kreuzstich

Bechtermünz

Inhalt

Einleitung

Ich habe Blumen mein ganzes Leben lang geliebt. Als ich ein junges Mädchen war, wurde mir ein Stückchen Garten zugeteilt, um das ich mich kümmern musste; den ganzen Sommer hindurch arbeitete ich bei schönem Wetter jeden Abend nach dem Essen im Garten, bis es dunkel wurde. Im Laufe der Jahre lernte ich eine Menge über Pflanzen und Blumen, und mein Vater versprach mir sogar, mir bei der Eröffnung eines Blumenladens zu helfen. Da ich jedoch zuerst Lehrerin und dann Designerin wurde, kam ich nie zu einem Laden. Allerdings arbeite ich trotzdem mit Blumen – viele meiner Kreuzstich-Entwürfe sind Blumenmotive.

Darüber hinaus liebe ich es immer noch, im Garten zu arbeiten, meine Hände in der Erde zu vergraben, die Erde zu riechen, meine Lieblingsblumen zu pflanzen, sie zu stutzen, sie ab und zu umzusetzen – und im Sommer Blumen zu pflücken, um sie im Haus in Vasen zu arrangieren oder Sträuße für besondere Freunde zu binden.

Der Kreuzstich fasziniert mich jedoch ebenso wie die Gartenarbeit. Sticken hat den großen Vorteil, dass man gemütlich und warm im Haus arbeiten kann – nach der Gartenarbeit fühlt man sich häufig kalt und steif. Für mich birgt es dieselben Freuden wie Gartenarbeit – die Befriedigung, auf einem leeren Stück Stoff etwas Schönes entstehen zu sehen, hier jedoch mit farbigen Garnen und Stichen anstatt mit Pflanzen und Blumen. Ich halte das Sticken außerdem für eine beruhigende und therapeutische Tätigkeit – Stunden können vergehen, in denen ich nichts anderes tue, als in Ruhe zu sticken.

Dieses Buch mit Kreuzstich-Entwürfen ist zustande gekommen, weil ich mich, nachdem mein erstes Buch fertig war, irgendwie beraubt fühlte und sofort mit einem neuen Buch beginnen wollte. Aber womit sollte ich anfangen? Ich wusste, ich wollte ein Buch mit Blumenentwürfen zusammenstellen, aber bei einer so reichen Auswahl fiel die Entscheidung sehr schwer, welche Blumen ich aufnehmen sollte – deshalb habe ich schon jetzt Ideen für mein drittes Buch!

Die Blumen, für die ich mich dann entschieden habe, sind meine absoluten Lieblingsblumen, mit denen ich besondere Erinnerungen verbinde. Sie erinnern mich an Ferien, ferne Länder, bestimmte Ereignisse und natürlich an besondere Menschen.

So finden Sie in diesem Buch, neben vielen anderen, Entwürfe für die farbenprächtige Anemone, zwei Narzissenarten, die exotische Strelitzie, das hübsche Stiefmütterchen, die wunderschöne, aber kurzlebige Pfingstrose, das köstlich duftende Maiglöckchen, die einmalige Papageientulpe und den Liebling der Schmetterlinge, den Krokus. Die Blumenentwürfe sind nach Farben geordnet, sodass Sie aus einem breiten Spektrum von Weiß, Gelb und Orange, Rot, Pink, Violett und Blau wählen können. Sie können mehrere Blumen aus einer Farbgruppe sticken, um farblich aufeinander abgestimmte Bilder anzufertigen, vielleicht zu den Themen Frühling, Sommer oder Winter passend, oder Sie sticken eine Blume aus jeder Farbgruppe und erhalten eine farbenprächtige Sammlung.

Alle Entwürfe in diesem Buch sind für Anfängerinnen geeignet, bieten

aber auch erfahrenen Stickerinnen hinreichend Herausforderung. Sie haben alle etwa die gleiche Größe, für einige Entwürfe benötigt man jedoch mehr Farben als für andere. Erfahrenen Stickerinnen wird es nicht schwer fallen, die Passionsblume oder die Königslilie zu sticken, Anfänger sollten sich zuerst vielleicht lieber an den Sonnenhut oder die Margerite halten.

Die Grundtechniken, die Sie für den Kreuzstich benötigen, werden am Ende des Buchs erläutert. Hier wird erklärt, welche Materialien benötigt werden, wie man den Stoff vorbereitet, wie man einen Stickring oder -rahmen benutzt, wie man das Zählmuster liest und die Stiche ausführt. Ich bin sicher, dass Sie immer weitere Bilder sticken wollen, wenn Sie einmal mit einem Entwurf begonnen haben. Suchen Sie sich einfach Ihre Lieblingsblume aus und fangen Sie an zu sticken!

Ich bin sehr glücklich, in eine Familie hineingeboren worden zu sein, die Blumen liebt und in einer Gegend lebt, in der es viele Blumen gibt. Blumen haben mir mein ganzes Leben hindurch so viel Freude bereitet. Ich kann nur hoffen, dass ich ein wenig von dieser Begeisterung an Sie weitergeben kann, wenn Sie die wunderbaren Blumenentwürfe in diesem Buch nacharbeiten.

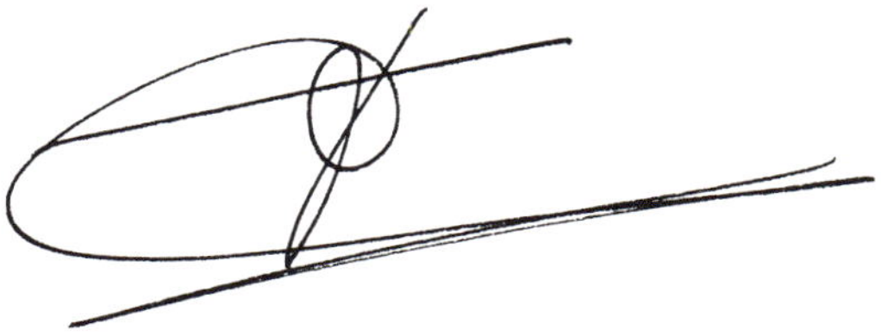

Thea Gouverneur

Passionsblume

Diese wunderschönen, schnell wachsenden Kletterpflanzen stammen aus Südamerika. Sie erhielten ihren Namen von den ersten Missionaren, den Jesuiten, die in der Blüte ein Symbol für die Kreuzigung sahen. Sie wachsen am besten in voller Sonne, an einer Wand oder einem Zaun, oder zwischen den Ästen eines Baums. Sie kommen in Cremeweiß, leuchtendem Pink und sogar Scharlachrot vor und haben gewöhnlich einen lieblichen Duft.

Vor Jahren wuchs eine riesige Passionsblume an der Rückwand meines Hauses, aber leider ging sie während eines sehr kalten Winters ein. Der Entwurf dieser Stickvorlage hat mich dazu gebracht, einige neue Passionsblumen in meinem Garten zu pflanzen.

Siehe Seite 158–159 für Anleitungen zum Kreuzstich.

Größe 12 x 16,5 cm

DMC	Anchor
3346	262
3345	263
934	862
746	275
369	1043
966	240
368	214
3722	1027
221	837
798	146
327	101
3834	99
3047	852
3821	305
3045	945
833	874
831	888
830	889
644	391
640	393
blanc	1
320	215
367	216
319	218
890	212
3013	853
3012	855
3011	856
950	4146
3064	883
3772	1007
632	936
3371	382
677	300
676	891
729	890
3829	901
772	259
3348	264
471	265
3347	261

Weiß

Königslilie

Diese prächtige Lilie mit ihren wohlriechenden Blüten und ihrem hohen Stiel blüht im Sommer und im Frühherbst. Die Lilie wurde schon in der Antike von den Römern und Griechen kultiviert; es gibt sie in vielen verschiedenen Farben: Die trompetenförmig angeordneten Blütenblätter der Königslilie sind weiß mit blassgelber Mitte. Diese Pflanzen können mehr als mannshoch werden, eignen sich aber auch hervorragend als Schnittblumen für die Vase – in einem breit gefächerten Blumenarrangement sind sie sehr gut haltbar.

Siehe Seite 158–159 für Anleitungen zum Kreuzstich.

Größe 9,5 x 16 cm

DMC	Anchor
819	271
963	23
776	24
899	38
335	40
309	42
326	59
3047	852
3046	887
3045	907
744	301
743	302
742	303
741	304
740	316
721	324
720	326
407	914
580	924
3348	264
471	265
3347	261
3346	262
3345	263
895	1044
832	945
831	888
829	906
745	300
3852	307
3722	1027
221	897
758	9575
3778	1013
356	5975
920	1003
902	897
642	392
640	393
blanc	1
3865	2
ecru	387
822	390
644	391

Seerose

Vielleicht haben Sie ja auch das Glück und es gibt in Ihrem Garten einen Teich, in dem Sie Seerosen pflanzen können. Ihre fest geschlossenen Knospen entfalten sich jeden Morgen und öffnen sich zu einem Fächer weißer Blütenblätter mit gelber Mitte, der sich am Abend wieder schließt. Seerosen sind außerordentlich schmückende Pflanzen mit langer Blütezeit, deren Blätter sich dekorativ auf der Wasseroberfläche ausbreiten. Meine Seerosen sind in jedem Sommer ein hübscher Anblick, wenn ich aus dem Fenster auf meinen Teich sehe.

Siehe Seite 158–159 für Anleitungen zum Kreuzstich.

Größe 14,5 x 14,5 cm

DMC	Anchor
blanc	1
3865	2
ecru	387
822	390
644	391
642	392
640	393
3822	295
3820	306
3852	307
782	308
3819	278
471	265
581	281
580	924
730	844
935	861
832	945
830	889
780	310
372	887
745	300
3047	956
3046	874
3348	264
936	846
3045	945
831	888

Schneeglöckchen

Sie gehören zu den ersten Frühlingsboten – die zierlichen weißen Köpfchen der Schneeglöckchen sprießen schon früh aus dem kalten, gefrorenen Boden. Ich pflanze sie gern in Gruppen auf dem Rasen an – ihre herabhängenden weißen Blüten bilden einen sehr hübschen Kontrast zu dem grünen Gras. Sie eignen sich außerdem sehr gut als Schnittblumen für die Vase, sodass Sie sich an ihrem zauberhaften Duft und ihrer zarten Form in einer warmen Umgebung erfreuen können. Wie könnte man den Frühling besser willkommen heißen als mit der Kreuzsticharbeit dieser zierlichen Schneeglöckchen?!

Siehe Seite 158–159 für Anleitungen zum Kreuzstich.

Größe 9 x 17 cm

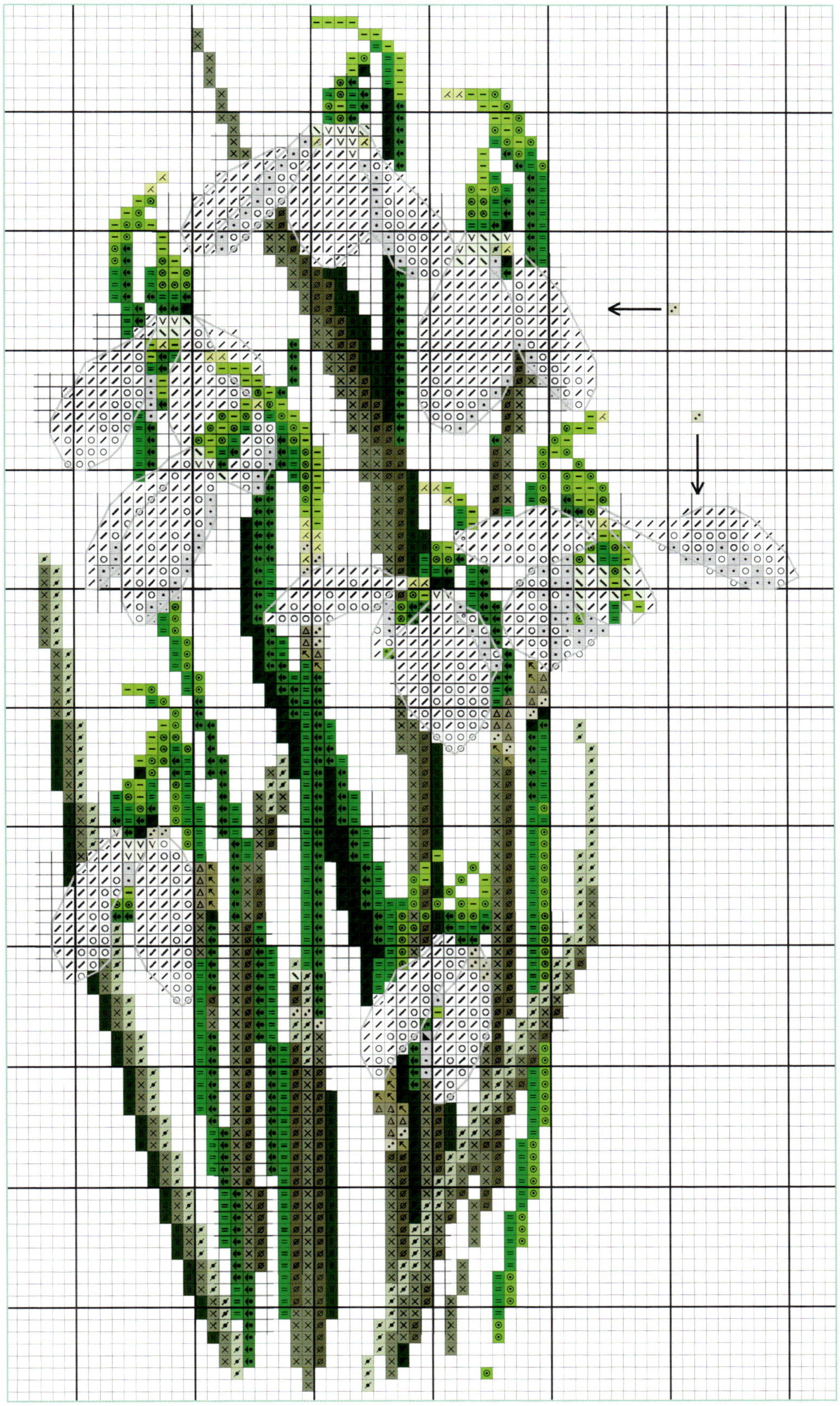

		DMC	Anchor
2x		blanc	1
		762	234
		415	398
		318	235
		369	1043
		368	214
		320	215
		367	216
		319	218
		890	212
		524	858
		522	860
		3052	844
		704	225
		703	226
		702	227
		700	229
		822	390
		472	253

Maiglöckchen

Maiglöckchen sind zarte Frühlingsblumen mit hübschen weißen Glöckchen, die an gebogenen Blütenstielen hängen und sich schön von den großen grünen Blättern abheben. Es sind gute Schnittblumen und ihr wunderbarer Duft erfüllt den ganzen Raum.

Maiglöckchen wachsen unter Bäumen und Büschen im Garten. Nutzen Sie die Blütezeit dieser Blumen so intensiv wie möglich, weil sie bedauerlicherweise so kurz ist.

Siehe Seite 158–159 für Anleitungen zum Kreuzstich.

Größe 12 x 17 cm

	DMC	Anchor
	772	259
	472	253
	471	265
	470	266
	469	267
	936	846
	935	861
	blanc	1
	ecru	387
	822	390
	224	893
	223	895
	3721	896
	221	897
	677	361
	422	372
	3828	373
	869	375
	907	255
	906	256
	905	257
	904	258
	895	1044
	632	936
	3799	236

Christrose

Helleborus niger, gemeinhin als Christrose bekannt, blüht vom späten Winter bis in den Frühling, je nachdem wie kalt es ist. Zuerst sind die Blüten weiß, dann verändern sie sich wie von Zauberhand zu einem rötlichen Pink und bilden einen starken Kontrast zu den dunkelgrünen Blättern.

Diese Blumen blühen schon zu Zeiten, wenn nur wenige andere Blüten es wagen, sich zu zeigen, und verleihen jedem Garten eine elegante Note. Sie wirken am besten, wenn sie in Gruppen am vorderen Beetrand in einem schattigen Bereich des Gartens stehen. Gehen Sie jedoch vorsichtig mit ihnen um, weil sie sehr giftig sind!

Siehe Seite 158–159 für Anleitungen zum Kreuzstich.

Größe 13,5 x 15,5 cm

Christrose

DMC	Anchor
772	259
369	1043
368	214
320	215
367	216
319	218
890	212
3348	264
3347	261
3346	262
407	914
3772	1007
632	936
832	945
831	888
830	889
blanc	2
3865	275
822	390
644	391
642	392
640	393
444	291
3852	306
783	307
676	891
3828	373
677	300

Narzisse »Thalia«

Narzissen gehören zu den beliebtesten Frühlingsblumen, wie ein Spaziergang durch die Straßen vieler Städte im Frühling zeigt. Anders als die traditionelle gelbe Osterglocke ist die elegante Narzisse »Thalia«, die in diesem Entwurf gezeigt wird, weiß, hat hängende Blütenblätter und trägt in der Regel mehrere Blüten an jedem Stiel.

Im Garten sehen diese Blumen sehr hübsch aus, wenn sie im Rasen wachsen. Wenn Sie sie Jahr für Jahr an Ort und Stelle lassen, werden sie sich auf natürliche Weise zu einer Kolonie vermehren.

Siehe Seite 158–159 für Anleitungen zum Kreuzstich.

Größe 10,5 x 16,5 cm

Weiß

	DMC	Anchor
/ /	blanc	1
○ ○	746	275
× ×	822	390
॥ ॥	644	391
• •	642	392
	640	393
	320	215
⌀ ⌀	367	216
	319	1044
∧ ∧	677	361
↖ ↖	676	891
△ △	729	890
	3829	901
	869	375
= =	741	304
⊙ ⊙	740	316

Margerite

Diese langstieligen Margeriten mit ihren kräftigen weißen Blütenblättern und ihrer gelben Mitte kommen ursprünglich aus den Pyrenäen und aus Korsika. Sie sind eine hübsche Rabattenbepflanzung für den späten Sommer und den frühen Herbst. Sie eignen sich aber auch als Zimmerblumen – in konventionellen Sträußen oder einfach in einem Marmeladenglas auf dem Küchentisch. Besonders dekorativ sind die Margeriten in der Nähe von Bäumen und Sträuchern, die sich früh herbstlich verfärben.

Diese Blumen erinnern mich an die wilden Gänseblümchen, die in Holland an den Straßenrändern wachsen – zwischen die Mohnblumen geschmiegt wiegen sie sich im Wind.

Siehe Seite 158–159 für Anleitungen zum Kreuzstich.

Größe 9,5 x 16,5 cm

	DMC	Anchor
	blanc	1
	3865	2
	ecru	387
	822	390
	644	391
	642	392
	640	393
	743	302
	742	303
	783	307
	782	308
	781	309
	780	310
	801	359
	3371	382
	3348	264
	3347	261
	3346	262
	3345	263
	895	1044
	524	858

Geißblatt

Diese Blumenart ist eine traditionelle, viel geliebte Bauerngartenpflanze. Sie ist sehr dekorativ und duftet sehr süß, besonders nach einem Regenschauer am Abend. Während der Sommermonate bringt das Geißblatt Büschel blassgelber Blüten hervor, gefolgt von klebrigen roten Früchten im Herbst.

Ich habe eine Geißblattpflanze in meinem Garten, die an einer Fichte hochklettert, und ihr köstlicher Duft weht geradewegs über meine Terrasse. Geißblatt rankt über Wände und Spaliere, wächst sogar als Strauch und verleiht jedem Garten Charme.

Siehe Seite 158–159 für Anleitungen zum Kreuzstich.

Größe 14 x 16,5 cm

DMC	Anchor
472	253
471	265
470	266
469	267
936	846
935	861
934	862
3823	2
745	300
744	301
743	302
742	303
741	304
740	316
3852	306
3828	373
782	308
869	375
733	279
732	280
730	924

Engelstrompete

Diese Pflanzen, die auch als Stechapfel bekannt sind, gehören mit ihrem großen blassgelben Blütenkopf und ihrem wundervollen Duft zu meinen liebsten sommerblühenden Pflanzen. Im letzten Sommer kaufte ich ein sehr großes Exemplar, hatte aber zu wenig Zeit, um mich ausreichend darum zu kümmern – die Pflanze trug nicht eine einzige Blüte. Also sprach ich mit ihr, gab ihr extra Nährstoffe und Wasser und zu meiner Überraschung entdeckte ich fast hundert Knospen im frühen Herbst! Sie alle blühten wunderbar auf – bis in den Winter hinein.

Siehe Seite 158–159 für Anleitungen zum Kreuzstich.

Größe 13 x 16,5 cm

Engelstrompete

	DMC	Anchor
	3823	386
	745	300
	744	301
	3822	295
	3821	305
	3820	306
	3852	307
	729	890
	680	820
	772	259
	472	253
	471	265
	470	266
	469	267
	936	846
	935	861
	3046	887
	368	214
	320	215
	367	216
	733	279
	732	280
	730	924

Narzisse »Tête à Tête«

Diese hübsche Narzisse hat eine gelbe Blüte mit orangefarbener Mitte. An jedem Stängel wachsen zwei Blüten nebeneinander, daher der Name »Tête à Tête«. Sie wird häufig in Töpfen, Balkonkästen und anderen Behältern gezogen, eignet sich aber auch als Rabattenpflanze. Ich liebe es, einen Korb mit diesen Blumen in meiner Küche zu haben. Die Narzisse »Tête à Tête« blüht mitten im Frühjahr und ist ein hübscher Farbtupfer in jedem Garten oder Steingarten.

Siehe Seite 158–159 für Anleitungen zum Kreuzstich.

Größe 10 x 16,5 cm

	DMC	Anchor
	3078	292
	727	293
	726	295
	725	305
	742	303
	741	304
	740	316
	783	307
	368	214
	320	215
	367	216
	319	218
	890	212
	3053	843
	989	242
	987	244
	986	246
	372	854
	371	855
	370	856
	611	898
	3821	305
	3820	306
	3852	307
	834	887
	833	874
	832	945
	831	888
	3348	264
	895	1044

Gelbe Schwertlilie

Die Iris – und zu dieser Blumenart gehört die Schwertlilie – ist mit ihren über tausend Arten eine der am meisten kultivierten Pflanzen der Welt. Auf den hohen Stielen der gelben, im Frühsommer blühenden Schwertlilien sitzen zitronengelbe, zart gemaserte Blüten.

Sie gedeihen gut in sumpfigen Böden, in der Nähe von Mooren und Flüssen: Ich habe gelbe Schwertlilien an meinen Teich gepflanzt und sie fühlen sich dort so wohl, dass ich sie ständig herunterschneiden muss.

Siehe Seite 158–159 für Anleitungen zum Kreuzstich.

Größe 8 x 17 cm

Gelbe Schwertlilie

	DMC	Anchor
	3823	275
	745	300
	744	301
	743	302
	3820	306
	3852	307
	680	820
	829	906
	472	253
	471	265
	470	266
	469	267
	936	846
	935	861
	934	862
	3046	887
	3045	888
	703	226
	702	227
	701	228
	700	229
	699	923

Ranunkel

Diese leuchtend gelbe Blume mit ihren verschachtelten Lagen aus Blütenblättern stammt aus derselben Familie wie die Butterblume und wächst im Frühsommer. Es gibt viele verschiedene Arten von Ranunkeln mit Blüten in Rot, Pink, Orange und Weiß. Einige haben den vertrauten kugeligen Blütenkopf, andere nur eine einzige Lage von Blütenblättern.

Die Ranunkel wächst im Garten problemlos in der Sonne oder im Schatten, als Schnittblume im Haus hält sie sich jedoch nicht sehr lange. Bewundern Sie diese Pflanzen, wie sie in der Natur wachsen, und sticken Sie sich ein Bild, um sich in Ihrem Heim an ihnen zu erfreuen!

Siehe Seite 158–159 für Anleitungen zum Kreuzstich.

Größe 8,5 x 16 cm

DMC	Anchor
3823	275
745	300
744	301
743	302
742	303
741	304
783	307
782	308
780	310
472	253
471	265
469	267
936	846
934	862
834	887
833	874
832	945
733	279
732	280
3829	901

Sonnenhut

Der Sonnenhut ähnelt in der Form einer Gänseblume, mit hängenden Blütenblättern und einer großen kugelförmigen Mitte. Er ist eine eindrucksvolle Pflanze, die hüfthoch wächst und sich allmählich in Kolonien ausbreitet. Wenn er verblüht ist, können die Samenköpfe abgeschnitten und in einem Gesteck weiterverwendet werden.
Der Sonnenhut auf dieser Abbildung ist gelb, es gibt aber auch pinkfarbene und violette Arten. Wenn Sie gern Leben in Ihrem Garten haben, ist der Sonnenhut ideal, weil er sowohl Schmetterlinge als auch Bienen anzieht.

Siehe Seite 158–159 für Anleitungen zum Kreuzstich.

Größe 8 x 16,5 cm

Sonnenhut

DMC	Anchor
445	288
307	289
444	291
3820	306
3852	307
832	945
831	888
472	253
471	265
470	266
469	267
936	846
934	862
301	1049
400	351
300	352

Kaiserkrone

Die goldgelbe Fritillaria oder Kaiserkrone stammt aus Afghanistan und dem nordwestlichen Himalaja. Sie blüht im Frühling und kann eine majestätische Höhe erreichen. Am Ende eines jeden Blütenstiels sitzt ein Büschel hängender gelber Blüten, das von einer Krone aus kurzen grünen Blättern, wie bei einer Ananas, überragt wird. Viele holländische Blumenmaler bildeten diese königlichen Blumen in ihren Werken ab.

Die Kaiserkrone ist zwar ziemlich empfindlich, eignet sich aber gut als Schnittblume für die Vase.

Siehe Seite 158–159 für Anleitungen zum Kreuzstich.

Größe 10 x 17 cm

	DMC	Anchor
	745	300
	744	301
	743	302
	742	303
	3820	306
	729	890
	680	820
	3829	901
	704	256
	703	238
	702	226
	701	227
	699	923
	3819	278
	581	281
	580	924
	3348	264
	3347	261
	3346	262
	3345	263
	895	1044
	734	278
	733	279
	732	280
	444	291

Kapuzinerkresse

Mit ihren fröhlichen gelb- und orangefarbenen Blüten und den hübschen runden Blättern gehört die Kapuzinerkresse zu meinen liebsten Sommerblumen. Sie hat einen ganz besonderen Duft, der mich an die Besuche bei meinem Taufpaten erinnert, als ich ein junges Mädchen war: Neben seinem Haus hatte er ein großes Feld mit diesen Blumen bepflanzt. Kapuzinerkresse sieht sehr hübsch aus, wenn sie an einer Mauer hochwächst oder über eine Korbampel hinauswuchert. Man kann die Blüten sogar als Zutat für Sommersalate verwenden; mit ihrem scharfen Aroma sorgen sie für eine frische Note und charakteristische Würze!

Siehe Seite 158–159 für Anleitungen zum Kreuzstich.

Größe 12,5 x 16 cm

DMC	Anchor
744	301
743	302
742	303
741	304
971	316
947	330
900	333
921	326
920	1003
918	341
472	253
471	265
470	266
469	267
936	846
935	861
834	887
833	874
832	945
831	888
734	278
581	281
580	924
783	307
782	308
780	310
676	891
729	890

Strelitzie

Wenn man die Strelitzie oder Paradiesvogelblume zum ersten Mal sieht, kann man kaum glauben, dass sie echt ist und nicht künstlich. Ihre großen exotischen Blüten erinnern an einen Vogelkopf mit leuchtend orangefarbener Haube. Diese Blüten eignen sich hervorragend für ausgefallene Blumenarrangements.

Die Pflanze kommt ursprünglich aus Südafrika, deshalb benötigt sie Wärme und kann in kühleren Klimazonen nur in Treib- oder Gewächshäusern gedeihen. Wenn Sie weder das eine noch das andere haben, können Sie die Pflanze wenigstens das ganze Jahr über in Blumengeschäften kaufen.

Siehe Seite 158–159 für Anleitungen zum Kreuzstich.

Größe 10,5 x 16,5 cm

DMC	Anchor
745	300
744	301
743	302
742	303
741	304
740	316
947	330
946	332
900	333
341	117
340	118
3746	1030
333	119
792	941
791	178
899	38
335	40
309	42
472	253
471	265
470	266
469	267
936	846
935	861
939	152
437	362
436	363
434	310
433	358
822	390
644	391
642	392
3053	843
3052	844
3051	845

Ruhmeskrone

Die Ruhmeskrone oder Gloriosa ist ein exotisches Liliengewächs aus Afrika und sie bietet, wie ihr Name schon ahnen lässt, einen herrlichen Anblick, wenn sie im Sommer in voller Blüte steht. Die ersten Ruhmeskronen kamen vor langer Zeit, um 1610, nach Europa und waren bekannt dafür, mehr als mannshoch zu wachsen. Ich erinnere mich an die Ruhmeskronen, als sie zuerst in Mode kamen und mein Vater sie von einer Reise mit nach Hause brachte. Meine Mutter stellte sie in einer kleinen silbernen Vase auf unseren Kaminsims aus schwarzem Marmor. Ich liebe diese Blumen und ihr üppiges exotisches Flair immer noch.

Siehe Seite 158–159 für Anleitungen zum Kreuzstich.

Größe 9,5 x 16,5 cm

Ruhmeskrone

Symbol	DMC	Anchor
/ /	743	302
o o	742	303
× ×	741	304
II II	740	316
· ·	3706	33
	3705	35
\ \	666	46
ø ø	304	19
	816	43
* *	814	45
^ ^	966	240
∴	989	242
△ △	987	244
↖ ↖	986	246
= =	677	300
⊙ ⊙	676	891
– –	729	890
	3829	901
V V	472	253
× ×	471	265
δ δ	470	266
	469	267
	935	861

Türkischer Mohn

Die wunderschöne, leuchtend rote Mohnblume oder Papaver orientale ist meine Lieblingsblume. Sie sieht während ihrer kurzen Blütezeit im Sommer einfach prächtig aus. Wenn sich die Blüten mit ihren großen zarten Blättern voll geöffnet haben, hoffe ich immer, dass es trocken bleibt, weil der Regen die Blüten zerstören kann.

Sind die Blütenblätter jedoch einmal abgefallen, geben die gräulich-grünen Samenkapseln immer noch ein schönes Bild im Garten oder im Haus ab. Ich bewahre die Samen jedes Jahr auf, um sie wieder auszusäen, und habe die scharlachrote Art mit einer blass pinkfarbenen gekreuzt, mit wunderschönen Resultaten.

Siehe Seite 158–159 für Anleitungen zum Kreuzstich.

Größe 9,5 x 16,5 cm

	DMC	Anchor
	971	316
	947	330
	946	332
	606	334
	666	46
	817	13
	304	19
	815	44
	472	253
	471	265
	470	266
	469	267
	936	846
	934	862
	3042	870
	317	400
	3799	236
	550	99
	823	152
	310	403
	3371	382
	581	281
	580	924
	3011	856
	3740	872

Dahlie

Die Heimat der Dahlie ist Mexiko. Sie ist eine sehr beliebte Gartenblume mit vielen Arten in allen Farben und Größen. Die hier abgebildete Dahlie ist von einem prächtigen Scharlachrot und ideal, um einen trostlosen Garten im Frühherbst zu beleben. Dahlien eignen sich auch sehr gut als Schnittblumen für die Vase.

Mein Vater hatte eine Vorliebe für Pflanzenzwiebeln und neben unserem Haus gab es ein großes Feld mit vielen unterschiedlichen Dahlien. Ich liebte es, mir einen ganzen Arm voll Dahlien zu schneiden und sie in unserem Haus zu verteilen. Bringen Sie mit diesen lebendigen Blumen Farbe in Ihren Garten und mit dem gestickten Bild Licht in Ihr Haus.

Siehe Seite 158–159 für Anleitungen zum Kreuzstich.

Größe 9 x 16,5 cm

Dahlie

	DMC	Anchor
	734	278
	733	279
	581	281
	580	924
	936	846
	935	861
	934	862
	608	330
	606	334
	666	46
	817	13
	3777	1015
	3857	20
	3854	303
	3853	304
	801	359
	3826	1049
	3371	782

Rose

Die Rose, heute eine der beliebtesten Blumen, wird seit jeher mit Liebe und Romantik in Verbindung gebracht – einen Strauß leuchtend roter Rosen schenkt man einem geliebten Menschen zu einer besonderen Gelegenheit.

Dieser Entwurf erinnert mich an eine meiner liebsten Kletterrosen. Jeden Sommer schmückte sie mit leuchtend roten Blüten meine Hauswand, bis ein Bauarbeiter sie aus Versehen abhackte. Ich ersetzte sie durch eine neue Rose, die aber nie in solchem Überfluss blühte.

Wenn Sie keinen Rosenbusch in Ihrem Garten haben, können Sie dieses elegante Bild sticken, um die wunderbare Blume immer vor Augen zu haben.

Siehe Seite 158–159 für Anleitungen zum Kreuzstich.

Größe 11 x 16,5 cm

	DMC	Anchor
/ /	352	8
○ ○	351	9
× ×	350	10
‖ ‖	349	11
· ·	817	13
	3777	1015
	3857	20
∧ ∧	900	333
\ \	3854	303
∴	472	253
= =	471	265
Δ Δ	469	267
	936	846
	934	862
– –	3822	295
V V	3821	305
⊙ ⊙	729	890
	869	375
K K	733	279
	732	280

Weihnachtsstern

Diese uns allen vertraute mexikanische Pflanze blüht zur Weihnachtszeit in vielen Wohnungen. Sie sieht großartig aus, wenn man sie in festlichen Arrangements neben Stechpalmenzweigen und anderem schönen Winterblattwerk, wie Kieferzweigen und Efeu, dekoriert.

Weihnachtssterne gibt es in vielen verschiedenen Größen und Farben; man kann sie als Baum oder als kleine Topfpflanze kaufen, in leuchtendem Rot, Pink, Creme oder Weiß. Sie halten sehr lange und blühen vom Winter bis in den Sommer hinein.

Siehe Seite 158–159 für Anleitungen zum Kreuzstich.

Größe 11,5 x 13,5 cm

Weihnachtsstern

	DMC	Anchor
	3726	1018
	3802	1019
	743	302
	742	303
	740	316
	3706	33
	3705	35
	3801	1098
	666	46
	304	19
	816	43
	814	45
	989	242
	987	244
	986	246
	472	253
	471	265
	470	266
	469	267
	935	861

Pelargonie

Sobald im Frühling die ersten Hängeampeln vor den Häusern und Geschäften aufgehängt werden, sind Pelargonien mit Sicherheit dabei. Mit ihren Büscheln strahlend roter Blüten und bogenförmig ausgezackten Blättern stellen diese Pflanzen den Inbegriff des Sommers dar.

In jedem Jahr blühen Pelargonien in Kübeln neben meiner Haustür und sie produzieren einen wunderschönen Wasserfall aus Blüten in Pink und Rot. Sie sind pflegeleicht und blühen vom Frühjahr bis zum Herbst. Warum also sollte man diese beliebte Blume nicht als Bild sticken, um sie zu feiern?

Siehe Seite 158 –159 für Anleitungen zum Kreuzstich.

Größe 9 x 16,5 cm

	DMC	Anchor
	772	259
	3348	264
	3347	261
	3347	262
	3345	263
	895	1044
	352	9
	351	10
	350	11
	666	46
	817	13
	815	44
	471	265
	470	266
	937	268
	936	846
	934	862
	832	945
	831	888
	829	906
	902	897
	472	253
	581	281
	580	924
	335	40
	309	42
	326	59
	444	291

Hibiskus

Der Hibiskus oder Roseneibisch ist ein immergrüner Busch mit glänzenden grünen Blättern. Besonders charakteristisch ist, dass seine großen Blüten ungewöhnliche gelb gefleckte Staubbeutel tragen.

Entlang der Mittelmeerküste wächst Hibiskus in großer Fülle. Dort kann man riesige Hibiskushecken und hohe Büsche finden, die das ganze Jahr über blühen. In kälteren Regionen wächst der Hibiskus im Freien nur an warmen sonnigen Tagen, oder im Zimmer in Töpfen, wo er dann das ganze Jahr über blüht.

Siehe Seite 158–159 für Anleitungen zum Kreuzstich.

Größe 13 x 16 cm

	DMC	Anchor
	3706	33
	3705	35
	3801	109
	666	46
	321	47
	304	19
	816	43
	815	44
	814	45
	369	1043
	368	214
	320	215
	367	216
	319	862
	890	212
	3348	264
	3347	261
	3346	262
	3345	263
	934	862
	3708	31
	604	55
	603	62
	602	57
	601	63
	600	59
	3822	295
	3821	305
	729	307
	472	253
	988	243

Fuchsie

Mit ihren hübschen, im Wind schwingenden Glöckchen ist die Fuchsie ein dekorativer Schmuck für den Garten. Einige Arten kann man in Hängeampeln und Kübel pflanzen, in denen ihre anmutigen Blüten sich über den Rand hinauswinden können.

Die ersten Fuchsien wurden gegen Ende des 17. Jahrhunderts entdeckt und nach dem Physiker und Botaniker Leonard Fuchs benannt. Seit dieser Zeit hat sich die Fuchsie zu einer beliebten Gartenpflanze mit großer Anhängerschaft entwickelt – sie gehört zweifellos zu meinen Lieblingspflanzen.

Siehe Seite 158–159 für Anleitungen zum Kreuzstich.

Größe 9,5 x 16,5 cm

Rot

	DMC	Anchor
	776	24
	3326	36
	899	38
	335	40
	309	42
	326	59
	815	44
	814	45
	blanc	2
	ecru	387
	822	390
	644	391
	642	392
	472	253
	471	265
	470	266
	469	267
	936	846
	935	861
	422	372
	3828	373
	869	375
	3047	852
	224	893
	223	895
	3722	1027
	3721	896
	3731	76
	3350	77
	989	242
	987	244
	986	245

Kamelie

Die Kamelie kommt ursprünglich aus Asien und wurde 1792 von einem Jesuitenpater von einer Reise in den Fernen Osten nach Europa eingeführt. In China genossen die Kamelien hohes Ansehen; die Frauen trugen die Blüten als Schmuck und bürsteten ihr Haar mit süß duftendem Kamelienöl.

Nachdem sie einige Jahre in Vergessenheit geraten war, kommt die Kamelie jetzt langsam wieder in Mode – und man wundert sich, dass dieser immergrüne Busch mit seinen exotischen, farbenprächtigen Blüten jemals unmodern gewesen sein soll.

Obwohl sie pflegeleicht sind, brauchen Kamelien ein warmes Klima, um zu gedeihen.

Siehe Seite 158–159 für Anleitungen zum Kreuzstich.

Größe 11 x 16 cm

Kamelie

DMC	Anchor
963	23
3716	25
962	75
961	76
309	42
326	59
816	43
814	45
471	265
470	266
469	267
936	846
935	861
934	862
368	214
320	215
367	216
319	218
734	278
733	279
732	280
730	924
3712	1023
3328	1024
347	1025
437	362
435	365
433	358
3825	323
721	324
921	1003
3371	382
918	341
3822	295

Impatiens

Vor mehreren Jahren schenkte mir ein lieber Nachbar ein Fleißiges Lieschen, auch Impatiens genannt. Es breitete sich jedes Jahr weiter aus, so dass diese hübschen Pflanzen jetzt überall in meinem Garten wachsen! Sie vermehren sich so schnell, weil ihre Samenkapseln bei der leichtesten Berührung aufplatzen und die Samen verstreuen. Fleißige Lieschen wachsen gut in schattigen Gärten und bilden mit ihren leuchtenden Farben den ganzen Sommer über wunderschöne Einfassungen für Blumenbeete.

Siehe Seite 158–159 für Anleitungen zum Kreuzstich.

Größe 14 x 16,5 cm

Pink

DMC	Anchor
963	23
3716	25
3354	74
3733	75
3731	76
3350	77
316	1017
3726	1018
3802	1019
902	897
224	839
223	894
3722	1027
3721	896
221	897
3828	373
420	374
869	375
739	366
437	362
977	1002
772	259
3348	264
524	858
3364	261
3363	262
3362	263
935	861
368	214
320	215
367	216
319	218
890	212

Storchschnabel

Diese bezaubernde Pflanze mit ihren silbrig-pinkfarbenen, rot durchwirkten Blüten und ihren hellgrünen, hahnenfußähnlichen Blättern kommt ursprünglich aus den Pyrenäen. Ihr lateinischer Name ist Geranium. Sie besitzt eine lange Blüteperiode, bringt den ganzen Sommer über eine Folge von kleinen Blüten hervor und ist leicht zu ziehen. Mit ihrem reichen Blattwerk sind alle Storchschnabel-Arten hervorragende Bodendecker oder schöne Randbepflanzungen für Beete. Der Name Storchschnabel kommt vermutlich von der langen, schmalen Form ihrer Staubbeutel.

Siehe Seite 158–159 für Anleitungen zum Kreuzstich.

Größe 10,5 x 16,5 cm

Storchschnabel

DMC	Anchor
819	271
3713	1020
761	1021
760	1022
3712	1023
3328	1024
347	1025
3348	264
3347	261
3346	262
3345	263
895	1044
677	300
676	891
783	307
782	308
780	310
834	887
832	945
8312	888
829	906
472	253
733	279
732	280
731	281
730	924
936	846
471	265
320	215
367	216
319	218

Nelke

Diese Blumen werden schon seit Tausenden von Jahren kultiviert. 50 v. Chr. schrieb der römische Gelehrte Plinius über die Nelken der damaligen Zeit. Heute gibt es Hunderte von verschiedenen Nelkensorten, von kleinen Pflanzen für den Garten bis zu großen Exemplaren für Zimmergestecke.

Diese großen Blumen sehen zusammen mit anderen Blumenarten, aber auch einzeln in einer langen, eleganten Vase großartig aus. Nelken haben einen empfindlichen graugrünen Stiel, mit dem man vorsichtig umgehen muss, weil er leicht bricht.

Siehe Seite 158–159 für Anleitungen zum Kreuzstich.

Größe 7,5 x 17 cm

DMC	Anchor
818	23
776	24
899	38
309	42
928	274
927	849
926	850
3768	779
924	851
369	1043
368	214
320	215
367	216
319	218

Tränendes Herz

Diese sehr elegante Pflanze mit ihrem hübschen dichten, farnartigen Blattwerk trägt im Frühsommer hängende, herzförmige Blüten in Pink und Weiß. Ihr lateinischer Name lautet Dicentra, im Volksmund heißt sie melancholisch Tränendes Herz und Herzerlstock, da ihre Blüte einem Herzen gleicht, aus dem eine weiße Träne quillt.

Die Dicentra wurde 1847 von Robert Fortune aus China nach Europa importiert und wurde schnell für all jene zur Sensation, denen die herkömmlichen Gartenpflanzen langweilig geworden waren.

Siehe Seite 158–159 für Anleitungen zum Kreuzstich.

Größe 14 x 16,5 cm

Tränendes Herz

DMC	Anchor
605	48
604	55
603	62
602	57
601	63
600	59
472	253
471	265
470	266
469	267
936	846
369	1043
368	214
320	215
367	216
746	275
743	302
644	391
3773	1008
3772	1007
632	936

Wicke

Die zarte Wohlriechende Wicke war die Lieblingsblume meiner Mutter. So oft wie möglich brachte ich ihr ein kleines Sträußchen dieser hübschen pastellfarbenen Blumen mit. Bei uns im Garten kletterten sie entweder in großen Kübeln an Stangen hoch oder rankten sich um Drähte, die an einer sonnigen Wand befestigt waren.

Die Wicken haben einen typischen, köstlichen Duft und wachsen den ganzen Sommer über. Ihre gewellten Blütenblätter können gelb, weiß, cremefarben, pink, rot, violett oder blau sein. Nach dem Verblühen schießen die Samenkapseln ihre Samen über den ganzen Garten.

Siehe Seite 158–159 für Anleitungen zum Kreuzstich.

Größe 10,5 x 16,5 cm

	DMC	Anchor
	819	271
	818	23
	776	24
	3326	36
	899	38
	3731	76
	3350	77
	504	1042
	3713	1020
	503	875
	502	876
	501	877
	500	878
	746	275
	677	300
	676	891
	729	890
	772	259
	3348	264
	3347	261
	3346	262
	224	839
	605	1094
	604	55
	603	62
	602	57
	601	63
	600	59

Pfingstrose

Die Pfingstrose ist eine der dekorativsten Gartenblumen. Sie wurde ursprünglich in China wegen ihrer Schönheit und ihrer Heilkräfte gepflanzt und von den Europäern erst viele Jahrhunderte später entdeckt.

Pfingstrosen erinnern mich immer an meine Jugend: Zwischen unserem und dem Nachbarhaus stand eine hohe Mauer und in jedem Frühling wuchsen wunderschöne, riesige Pfingstrosen die gesamte Länge der Mauer entlang.

Mein Vater hatte eine besondere Schwäche für diese Pfingstrosen; ich habe ein altes Foto von ihm, auf dem er stolz den ganzen Arm voller Pfingstrosen hält.

Siehe Seite 158–159 für Anleitungen zum Kreuzstich.

Größe 9,5 x 16 cm

	DMC	Anchor
	819	271
	963	23
	605	1094
	604	55
	3806	60
	3805	62
	3804	63
	326	59
	815	44
	444	291
	742	303
	783	307
	320	215
	367	216
	319	218
	890	212
	3013	853
	3012	855
	3011	856
	781	309
	900	333
	869	375
	221	897

Aurikel

Die beliebte gelbe Primel ist einer der ersten Frühlingsboten und nach einem langen, grauen Winter habe ich immer gern einige dieser farbenprächtigen Pflanzen in meinem Haus. Eine meiner liebsten Primeln jedoch, und ich meine, sie ist die hübscheste, ist die Primula auricula. Sie ist eine der ältesten Bauerngartenpflanzen und wurde schon im 16. Jahrhundert in Europa eingeführt. Sie hat eine dichte Kugel aus pinkfarbenen und gelben Blüten und blassgrüne Blätter. Sie sieht besonders hübsch am Rand eines Beetes aus.

Siehe Seite 158–159 für Anleitungen zum Kreuzstich.

Größe 9 x 16,5 cm

Pink

	DMC	Anchor
	3689	49
	3688	75
	3687	68
	3803	69
	3685	1028
	746	275
	677	300
	676	891
	729	890
	680	820
	869	375
	734	278
	733	279
	732	280
	730	924
	3348	264
	3347	261
	3346	262
	3345	263
	895	1044
	3013	853
	3012	855
	3011	856
	936	846

Anemone

Als Kind half ich meinem Vater in seiner Exportfirma für Blumenzwiebeln und zu meinen Jobs gehörte auch das Abzählen der Anemonenknollen, um sie dann in kleine Tüten zu packen. Die hier abgebildeten Anemonen »de Caen« sind mit ihren leuchtenden Blütenblättern und ihrer dunklen Mitte die beeindruckendste Sorte aus der Familie der Anemonen und gehören zu meinen Lieblingsblumen. Sie blühen im Sommer und bieten in Beeten und Rabatten einen wunderschönen Anblick, halten sich aber auch gut in der Vase.

Siehe Seite 158–159 für Anleitungen zum Kreuzstich.

Größe 9,5 x 17 cm

Anemone

DMC	Anchor
3609	85
3608	86
3607	87
718	88
917	89
915	1029
blanc	2
ecru	387
472	253
471	265
470	266
469	267
936	846
934	862
581	281
580	924
317	400
3799	236
310	403

Bougainvillea

Als ich jung war, hielt ich die Bougainvillea lediglich für eine Zimmerpflanze mit kleinen farbigen Blüten. Erst als ich an der französischen Riviera Urlaub machte, entdeckte ich, wie eindrucksvoll diese Pflanze wirklich ist. Sie erhielt ihren Namen zu Ehren des französischen Forschers Louis Antoine de Bougainville und kann sich an Mauern hochwinden oder hohe Hecken bilden. Sie bietet im späten Frühjahr und in den Sommermonaten ein erstaunliches Farbschauspiel, braucht aber sehr viel Sonne und Wärme, um wirklich gut zu gedeihen.

Siehe Seite 158–159 für Anleitungen zum Kreuzstich.

Größe 13,5 x 16 cm

	DMC	Anchor
	819	271
	3609	85
	3608	86
	3607	87
	917	89
	915	1029
	902	897
	369	1043
	368	214
	320	215
	367	216
	319	218
	890	212
	3348	264
	3347	261
	3346	262
	3345	263
	436	363
	434	310
	801	359
	834	887
	832	945
	830	889
	blanc	1
	3823	2
	725	305

Papageientulpe

Wenn man in einem Land der Blumenzwiebeln wie Holland aufwächst, sieht man überall Tulpen im Überfluss. Diese Tulpe mit ihren violett-schwärzlichen Blütenblättern ist eine der ungewöhnlichsten Arten, die ich besonders mag. Die Farbe ist so ausgefallen, dass ich sie einfach in diese Sammlung aufnehmen musste.

Diese Frühlingsblumen erinnern mich immer an das große alljährliche Blumenfest in unserer Gegend: Tulpen blühten in all ihren herrlichen Farben auf den Feldern, wie ein großer Patchworkteppich.

Siehe Seite 158–159 für Anleitungen zum Kreuzstich.

Größe 11 x 16,5 cm

Papageientulpe

DMC	Anchor
3727	1016
316	1017
3726	1018
3802	1019
902	897
3371	382
310	403
3722	1027
3721	896
221	897
772	259
369	1043
368	214
989	242
987	244
986	246
3013	853
3012	855
3011	856
746	275
677	300
676	891
729	890
524	858
522	860
3362	263
3799	236

Krokus

Der Krokus ist eines der wichtigsten Zwiebelgewächse in der Blumenzwiebelgegend, in der ich lebe, und mein Vater pflanzte gewöhnlich mehrere Arten. Heute gibt es sogar noch mehr Sorten – in vielen Farben und Formen –, aus denen man wählen kann.

Meine bevorzugten Krokusse sind ein kräftig gelber und dieser violette mit hübschen orangefarbenen Narben, die zum Vorschein kommen, wenn sich die Blüte in der Sonne öffnet. Leider mögen auch die Vögel gelbe Krokusse – in jedem Frühjahr fressen sie die Blüten in meinem Garten!

Siehe Seite 158–159 für Anleitungen zum Kreuzstich.

Größe 7,5 x 15,5 cm

	DMC	Anchor
/ /	211	95
o o	554	96
× ×	553	97
॥ ॥	552	98
	550	99
: :	946	330
ø ø	971	316
\ \	954	203
^ ^	912	209
↖ ↖	910	230
	3818	923
	890	212
△ △	822	390
∴	644	391
= =	642	392
⊙ ⊙	640	393
– –	3835	100
⟋ ⟋	3834	101
	902	897
V V	920	1004
✱ ✱	3787	904

Sommerflieder

Der Sommerflieder ist ein duftender Gartenbusch, der im Sommer und Herbst lange violette Blütenrispen hervorbringt. Sein bester Standort ist der Garten, weil die Blüten sich nicht lange halten, wenn man sie schneidet und ins Haus bringt. Außerdem zieht der Sommerflieder Schmetterlinge an und zu den Freuden, die mein Garten mir im Sommer beschert, gehört es zu beobachten, wie die Schmetterlinge die Blüten umschwirren. Ich meine, jeder sollte einen Fliederbusch in seinem Garten pflanzen, um diesen flüchtigen Besuchern einen Rastplatz zu bieten.

Siehe Seite 158–159 für Anleitungen zum Kreuzstich.

Größe 9,5 x 16,5 cm

DMC	Anchor
211	342
210	108
209	109
208	110
327	101
552	98
550	99
333	119
369	1043
368	214
320	215
367	216
319	218
890	212
734	278
732	280
730	924
3013	853
632	936
524	858
522	860

Klematis

Es gibt Hunderte von Waldrebenarten. Die Clematis jackmanii ist eine der beliebtesten und ich bevorzuge sie wegen der intensiven, leuchtenden Farbe ihrer schönen Blüten. Diese Kletterpflanze ist leicht zu ziehen und blüht wunderschön jeden Sommer und Herbst.

Ich habe einige Klematispflanzen um den Stamm eines alten Rotdornbaumes in meinem Garten gesetzt. Der Baum war zu groß geworden und warf zu viel Schatten, deshalb ließ ich ihn stutzen – jetzt dient er meiner Klematis als Klettergerüst.

Siehe Seite 158–159 für Anleitungen zum Kreuzstich.

Größe 12,5 x 16 cm

DMC	Anchor
772	259
3348	264
704	225
703	226
702	227
701	228
700	229
699	923
471	265
3747	120
341	117
340	118
3746	1030
333	119
792	941
791	178
746	275
676	891
729	890
3829	9012
554	96
550	99
224	839
223	894
3721	1027
221	896
371	887
611	898
3052	844
890	212

Orchidee

Die auffallenden, exotischen Orchideen, deren Zucht recht schwierig ist, werden für ihre ungewöhnlichen Blüten gepriesen. Diese Cattleya aus der Orchideenfamilie wurde nach William Cattley benannt, der die spektakulär aussehende Pflanze 1824 in einem Moorgebiet entdeckte.

Ich erinnere mich, dass mein Vater meiner Mutter ein Ansteckbukett mit einer Cattleya schenkte, als sie um 1950 ein besonderes Fest besuchen wollten. Später wurde diese Blume dann als altmodisch angesehen, aber in der heutigen Zeit sind Orchideen wieder in Mode und diese bezaubernde violette Blume mit dem gelben Herzen hat neue Bewunderer gefunden.

Siehe Seite 158–159 für Anleitungen zum Kreuzstich.

Größe 13,5 x 15,5 cm

Orchidee

DMC	Anchor
211	342
210	108
209	109
208	110
552	98
3078	292
727	293
726	295
725	305
3852	307
729	890
680	820
829	906
793	176
3747	120
341	118
340	117
3746	1030
333	119
797	132
796	133
822	390
471	265
470	266
469	267
936	846
935	861
368	214
320	215
367	216
319	218
3743	869
3042	870
3041	871
3740	872

Distel

Diese dekorative Distel sticht im Garten besonders hervor, weil sie sehr hoch wächst; mitten in einem Blumenbeet macht sie sich besonders gut. Ihre blau-violetten Zapfen sind von einer silbrig-grauen Blätterkrause umgeben.

Die Distel sät sich sehr leicht selbst aus, deshalb kann sie sich in Ihrem Garten schnell ausbreiten, wenn Sie nicht aufpassen! Schneidet und trocknet man sie, kann man die Distel sehr gut für Trockensträuße verwenden.

Siehe Seite 158–159 für Anleitungen zum Kreuzstich.

Größe 11,5 x 16 cm

	DMC	Anchor
	368	214
	320	215
	367	216
	319	218
	890	212
	341	117
	340	118
	3746	1030
	333	119
	504	1042
	503	875
	502	876
	501	877
	500	878
	927	849
	926	850
	3768	779
	3053	843
	3052	844
	3051	845
	931	1034
	930	1035
	924	851

Iris

Die Iris wird auf der ganzen Welt gepflanzt und gilt als die am häufigsten gezüchtete Zierpflanze überhaupt. Die lavendelfarbene Art auf dieser Abbildung ist seit langer Zeit mit meiner Familie verbunden. Erst vor kurzem gab mir meine Tante einige wunderbare Iris von einer Pflanze, die sie 50 Jahre zuvor aus dem Garten meiner Großmutter umgepflanzt hatte, wo sie im Überfluss wuchsen.

Siehe Seite 158–159 für Anleitungen zum Kreuzstich.

Größe 9 x 16,5 cm

Iris

DMC	Anchor
3840	120
3839	121
3838	122
341	117
340	118
3746	1030
333	119
793	176
792	941
791	178
966	240
368	214
320	215
367	216
319	218
613	831
612	832
611	302
610	889
743	302
742	303
3853	304
435	365
433	358
989	242
987	244
211	95
3770	1009
842	1080
3835	100
3834	101

Stiefmütterchen

Ich liebe Stiefmütterchen, sowohl die kleinen als auch die großen gezüchteten Arten, mit oder ohne Augen in der Blütenmitte, und in allen Farben. In meinem Garten würde ohne Stiefmütterchen etwas fehlen. Sie geben bezaubernde Sträuße für besondere Freunde ab und können im Haus für hübsche Dekorationen verwendet werden.

Ideale Partner der Stiefmütterchen, die einen sonnigen Standort lieben, sind Narzissen und Tulpen.

Siehe Seite 158–159 für Anleitungen zum Kreuzstich.

Größe 13,5 x 16,5 cm

Blau

DMC	Anchor
800	144
809	130
799	145
798	146
797	132
820	134
3747	120
341	118
340	117
3746	1030
333	119
552	98
550	99
772	259
3348	264
3347	261
3346	262
3345	263
895	1044
823	127
743	302
741	304
939	152
833	874
832	945
831	888
829	906
746	275
369	1043
368	214
320	215
367	216
319	218
3371	382

Hyazinthe

Diese Frühlingsblumen werden häufig in Töpfen im Zimmer gezogen, wo ihre zahlreichen sternförmigen Blüten einen intensiven Duft verströmen. Der Name Hyazinthe leitet sich von Hyakinthos ab, einer Figur aus der griechischen Mythologie; als Hyakinthos von Apollo getötet wurde, wuchsen Hyazinthen aus seinem Blut.

In meiner Jugend setzten wir Mosaike aus Hyazinthen zusammen, wenn eine Blumenparade in unserem Ort stattfand. Ihre Anfertigung dauerte Stunden, aber sie sahen sehr schön aus. Ich erinnere mich, dass an meinen Händen noch Tage danach der liebliche Duft der Hyazinthen haftete!

Siehe Seite 158–159 für Anleitungen zum Kreuzstich.

Größe 6,5 x 15,5 cm

Hyazinthe

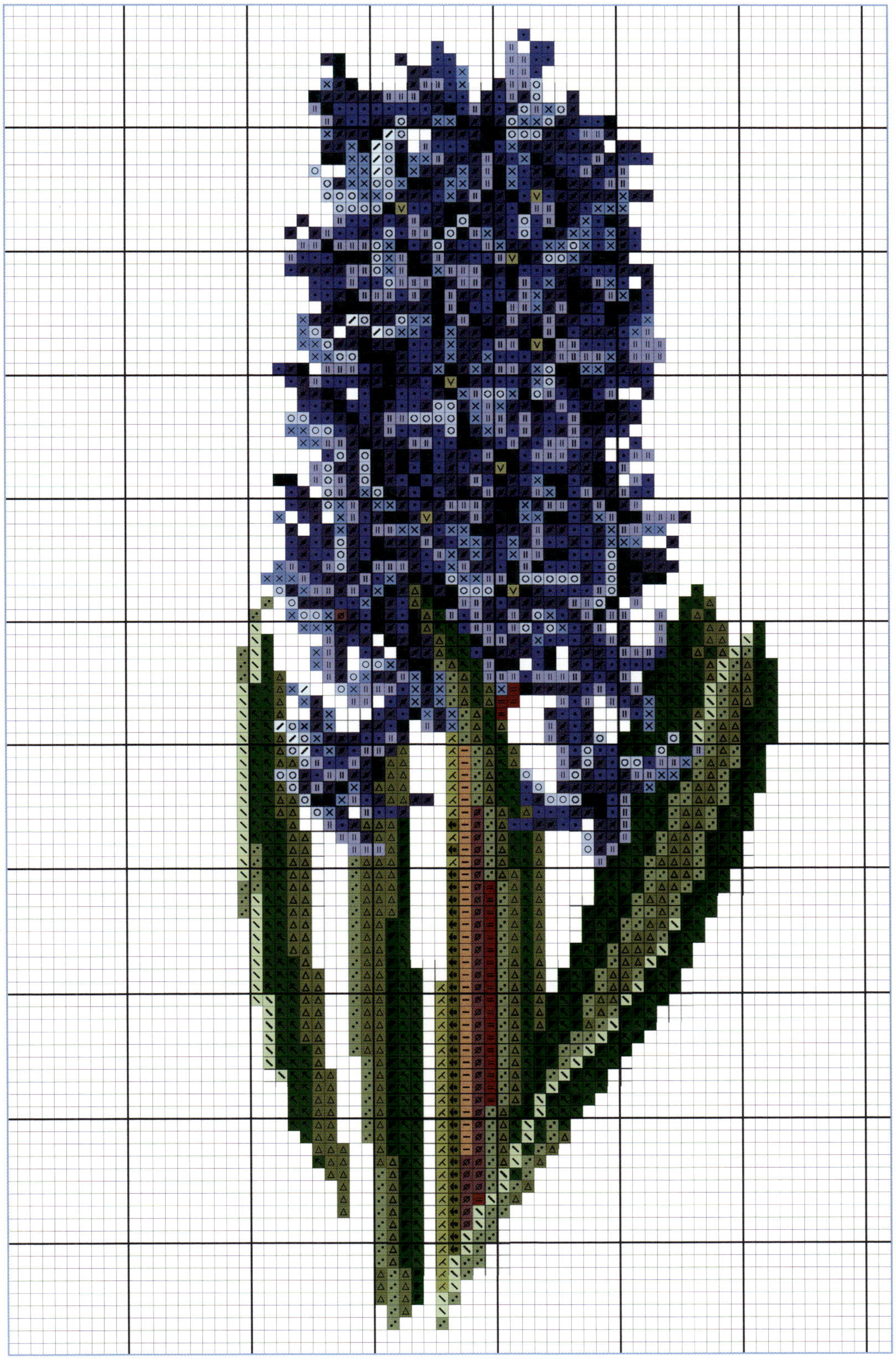

	DMC	Anchor
/ /	800	144
o o	794	175
x x	793	176
II II	3807	122
· ·	792	941
	791	178
	823	152
ø ø	3740	872
\ \	368	214
· ·	320	215
Δ Δ	367	216
	319	218
	890	212
– –	3772	1007
– –	902	897
V V	370	888
ʌ ʌ	3052	844
◆ ◆	3051	845

Schmucklilie

Der lateinische Name der Schmucklilie lautet Agapanthus. Mit ihren sternförmigen blauen Blüten auf den hohen Stielen sehen diese eleganten Blumen im Spätsommer in jedem Blumenbeet großartig aus.

Vor kurzem reiste ich nach Südafrika, der Heimat der Schmucklilie, und besuchte dort die botanischen Gärten bei Kapstadt, wo einige prachtvolle blaue und weiße Schmucklilien in Blüte standen. In meinem eigenen Garten habe ich nicht so viel Glück – die Pflanzen werden nur halb so groß.

Siehe Seite 158–159 für Anleitungen zum Kreuzstich.

Größe 10,5 x 16,5 cm

	DMC	Anchor
	800	144
	794	175
	793	176
	3807	122
	792	941
	791	178
	823	152
	3835	100
	3834	101
	368	214
	320	215
	367	216
	319	218
	890	212
	3042	870
	902	897

Prunkwinde

Die Prunkwinde ist eine der schönsten Kletterpflanzen und gehört zu den am schnellsten wachsenden Arten. Ihre großen Blüten und weinähnlichen Blätter können schnell eine Mauer, einen Zaun oder eine Laube überwuchern. Es gibt viele Arten von Prunkwinden mit verschiedenfarbigen Blüten, einschließlich dunkelroten, hellroten, blauen und weißen.

Als ich ein kleines Mädchen von etwa sieben Jahren war, pflanzte ich eine Prunkwinde in einen Topf auf meiner Fensterbank. Ich goss sie jeden Tag und sie wuchs und wuchs, bis sie über das Dach hinausragte!

Siehe Seite 158–159 für Anleitungen zum Kreuzstich.

Größe 9 x 16,5 cm

DMC	Anchor
3747	120
341	117
794	175
799	145
798	146
797	132
820	134
3348	264
989	242
988	243
987	244
986	246
319	218
934	862
225	1026
224	839
223	894
746	275
677	300
3822	295
436	363
434	310

Skabiose

Die Skabiose gehört mit ihrer Fülle von blauen, lavendelfarbenen oder zitronengelben Blüten, die den ganzen Sommer über blühen, zu den anmutigsten und elegantesten Gartenpflanzen. Sie eignet sich besonders für den vorderen Beetrand, sieht aber auch in Sträußen und anderen Arrangements im Zimmer hübsch aus.

Der Name Skabiose leitet sich von dem lateinischen »scaber« ab, was schäbig bedeutet; früher wurde diese Pflanze als Arznei gegen Hauterkrankungen eingesetzt.

Siehe Seite 158–159 für Anleitungen zum Kreuzstich.

Größe 8 x 16,5 cm

	DMC	Anchor
	800	144
	794	175
	793	176
	3807	122
	792	941
	791	178
	369	1043
	368	214
	320	215
	367	216
	319	218
	890	212
	3348	264
	937	268
	471	265
	504	1042
	3813	875
	503	876
	502	877
	3753	1031
	3752	1032
	932	1033
	931	1034

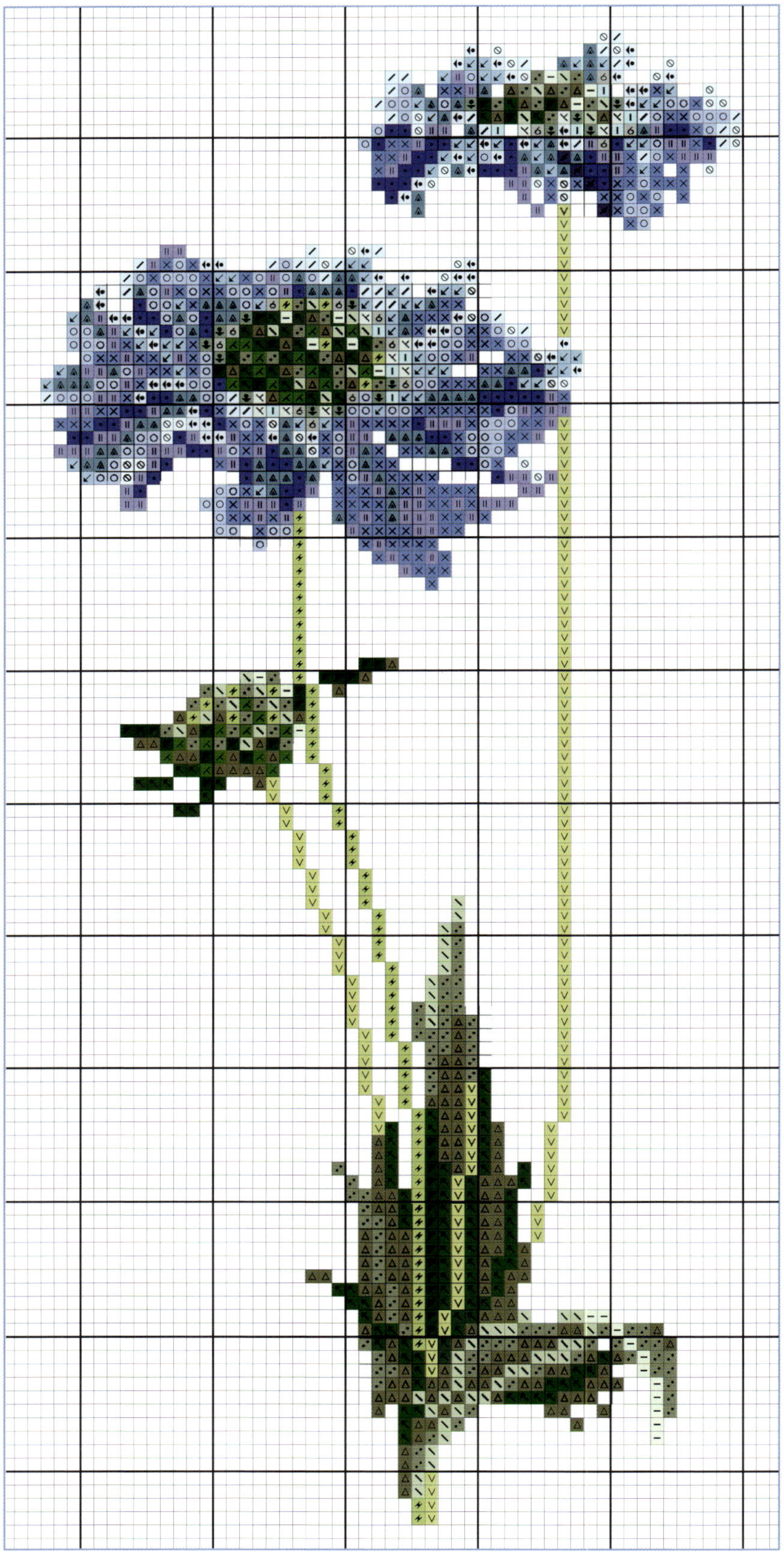

Blauglöckchen

Im Frühling bieten die Blauglöckchen einen bezaubernden Anblick – sie breiten sich wie ein wunderschöner, luxuriös anmutender Teppich in Waldungen und Gärten aus. Die hübschen, glockenförmigen Blüten wachsen in reichlicher Fülle in dichten Farbdecken aller Schattierungen von Blau, Violett und manchmal Weiß.

Blauglöckchen wuchsen jedes Frühjahr im Überfluss unter dem Pfirsichbaum im Garten meines Vaters und jedes Jahr wurden es mehr, bis sie über den ganzen Rasen wucherten. Im Sommer mussten wir immer Acht geben, wo wir andere Pflanzen hinsetzten, um die Zwiebeln der Blauglöckchen nicht zu beschädigen.

Siehe Seite 158–159 für Anleitungen zum Kreuzstich.

Größe 9 x 16 cm

Blauglöckchen

	DMC	Anchor
	775	128
	3840	120
	3839	121
	3838	122
	797	132
	796	133
	820	134
	3348	264
	3347	261
	3346	262
	3345	263
	3364	843
	3363	845
	3362	846
	422	372
	3042	870
	3041	871
	733	279
	581	281
	580	924
	937	268
	340	117
	3746	1030
	772	259

Nigella

Die zarten, ätherisch wirkenden Blüten dieser Pflanze, die sich aus dem feinen, fedrigen Blattwerk hervorheben, wirken wie ein anmutiger, dunstiger Schleier von Pastelltönen. Es sind ideale Pflanzen für Sommerbeete, vor allem, wenn sie zwischen Nelken und Mohnblumen stehen. Die Jungfer im Grünen, wie diese Pflanze auch genannt wird, ist nicht sehr langlebig, aber auf die Blüten folgen blassgrüne Samenkapseln, die getrocknet werden können. Schneidet man die blühenden Blumen ab, verlieren sie sehr schnell ihre Blütenblätter, aber ich kann trotzdem nicht widerstehen, immer wieder einige im Haus in die Vase zu stellen.

Siehe Seite 158–159 für Anleitungen zum Kreuzstich.

Größe 10 x 16,5 cm

DMC	Anchor
800	144
809	130
794	175
793	176
3807	122
792	941
791	178
828	9159
827	160
813	159
826	161
825	162
824	164
3743	869
3042	870
3041	871
3740	872
703	226
702	227
701	228
700	229
699	923
834	887
832	945
831	888
822	390
772	259
472	253
471	265
470	266
469	267
340	118
3746	1030

Hortensie

Die Hortensie ist eine beliebte Gartenpflanze mit anmutigen großen blauen, weißen oder rosafarbenen Blütenköpfen, die sich den ganzen Sommer über halten. Ich pflücke jeden Sommer einige Hortensien mit ihren Stielen, um sie zu trocknen, weil sie im Winter in einer Vase sehr hübsch aussehen.

Hortensien haben in unserer Familie eine besondere Bedeutung. Immer, wenn ein neues Kind geboren wurde, bekam meine Mutter eine weiße Hortensie. Mein Vater pflanzte sie in den Garten, und wenn wir in ein anderes Haus umzogen, zog die größte Pflanze mit um. Ableger von dieser Hortensie blühen heute noch überall in meinem Garten.

Siehe Seite 158–159 für Anleitungen zum Kreuzstich.

Größe 9,5 x 16 cm

Hortensie

DMC	Anchor
3046	887
972	298
3047	852
833	874
832	945
730	924
3347	261
3348	264
472	253
471	265
470	266
469	267
3756	1037
775	128
809	130
334	977
3747	120
341	117
340	118
3746	1030
800	144
799	145
798	146
797	132
796	133
831	888
632	936
610	889
839	1086

Grundlegende Techniken

Bevor Sie mit einem Projekt in diesem Buch beginnen, sollten Sie nachprüfen, ob Sie alle notwendigen Werkzeuge und Materialien zur Hand haben.

Sie benötigen

Für jedes Projekt in diesem Buch brauchen Sie die folgenden Materialien:

- *Weißes Leinen, 14 Gewebefäden/1 cm, etwa 35 x 37,5 cm*
- *Sticktwist in den angegebenen Farbnummern*
- *Sticknadel Nr. 24 (eventuell mehrere)*
- *Feste Pappe oder Karton*
- *Starkes Garn zum Verschnüren*
- *Einfassung und Rahmen Ihrer Wahl*

Garn

Für alle Projekte in diesem Buch wurde DMC-Sticktwist verwendet. Mit dieser Marke erzielen Sie absolute Farbgleichheit. Es gibt andere Hersteller, wie Anchor, deren Garn Sie ebenfalls benutzen können, aber die Farben können leicht von den DMC-Farben abweichen.

Vorbereiten des Stoffes

Die Maße des Stoffes (siehe oben) sind so berechnet, dass man die Kanten verstärken und den Stoff über einen Karton ziehen kann. Vor dem Sticken näht man die Stoffkanten um oder verstärkt sie mit Klebeband, um ein Ausfransen zu verhindern.
Falten Sie den Stoff in beide Richtungen zur Hälfte und falzen Sie die Bruchlinien. Jetzt öffnen Sie den Stoff und markieren die Linien fadengerade mit Vorstichen. Die Mitte liegt auf dem Kreuzungspunkt der Linien. Die Vorstiche können später entfernt werden.

Sticken mit Sticktrommel

Es ist ratsam, beim Sticken einen Ring oder Rahmen zu verwenden. Sie ziehen den Stoff straff und verhindern, dass er sich ausdehnt oder verzieht, wodurch das Sticken erheblich erleichtert wird. Eine große Sticktrommel wird ausreichen, um die Blumenentwürfe in ganzer Größe aufzunehmen. Legen Sie die zu bestickende Fläche über den inneren Ring und pressen Sie dann den äußeren Ring mit gelockerter Verstellschraube über den Stoff. Wenn

der Stoff straff gespannt ist und das Gewebe fadengerade liegt, ziehen Sie die Verstellschraube an. Schlägt der Stoff Falten, lösen Sie den Außenring und wiederholen den Vorgang.

Sticken mit Stickrahmen

Wenn Sie Ihren Stoff in einen rechteckigen Rahmen spannen wollen, müssen Sie die obere und die untere Stoffkante 12 mm breit umschlagen und festheften sowie die beiden anderen Kanten mit einem festen Band verstärken. Von der Mitte nach außen arbeitend näht man dann die oberen und unteren Kanten mit festem Garn auf das Gewebeband des Rahmens. Jetzt schieben Sie die Seitenteile in die Schlitze, rollen den überflüssigen Stoff auf und fü-

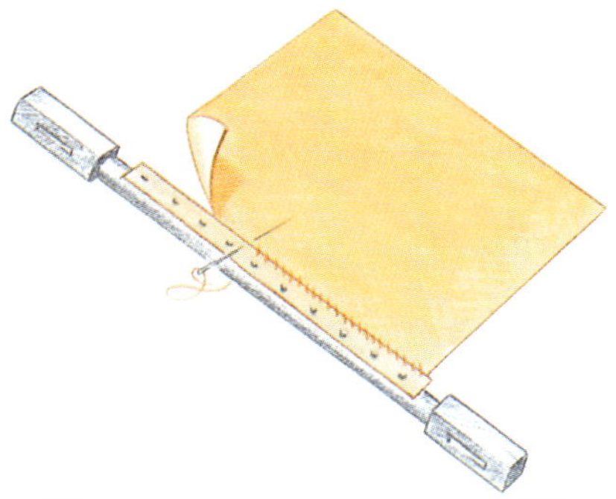

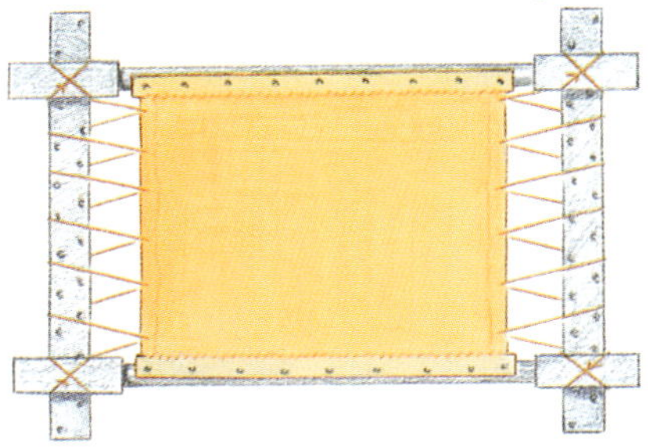

gen die Schrauben ein, um den Rahmen zu sichern. Verwenden Sie zum Festschnüren der Stoffkanten eine Nadel mit großem Öhr und einen starken Faden; sichern Sie die Fadenenden an den Kreuzungspunkten des Rahmens. Schnüren Sie das Gewebe in Abständen von 2,5 cm am Rahmen fest und achten Sie darauf, den Stoff gleichmäßig zu spannen.

Vorbereiten des Garns

Schneiden Sie einen Vorrat von 50 cm langen Fäden der Sticktwiststränge zurecht, die Sie für das Projekt benötigen, unterteilen Sie sie in Fäden und bewahren Sie diese in einem Garn-Organisator auf, einer Karte mit Löchern an beiden Seiten. Jede Farbe kann durch ein Loch gefädelt und mit der betreffenden Farbnummer gekennzeichnet werden.

Sticken

Arbeiten Sie immer von der Mitte des Stoffes nach außen, weil so sichergestellt ist, dass das Muster genau in der Mitte des Stoffes liegt. Finden Sie die Mitte Ihrer Stickvorlage heraus und markieren Sie sie.
Wenn nicht anders angegeben, werden die Projekte in diesem Buch mit einsträngigem Faden über zwei Fäden des Stoffes gestickt.
Zu Beginn sollten Sie ein langes Fadenende auf der Rückseite des Stoffes hängen lassen, das Sie zuerst mit dem Finger festhalten und dann mit den ersten paar Stichen sichern. Am Schluss verweben Sie das Fadenende auf der Rückseite in den benachbarten vier oder fünf Stichen, dann schneiden Sie den Faden ab.
Wenn Sie einen Ausschnitt mit mehreren winzigen, nahe beieinander liegenden Farbflächen sticken, können Sie mit mehreren Nadeln gleichzeitig arbeiten. Stecken Sie sie auf einer Seite in den Stoff, damit sie nicht verloren gehen.

Kreuzstich

Denken Sie sich als Stickgrund für Ihren Kreuzstich ein Quadrat. Führen Sie die Nadel von unten nach oben durch das untere rechte Loch des Quadrates und durch das obere linke Loch wieder nach unten. Dann führen Sie die Nadel durch das untere linke Loch nach oben und durch das obere rechte Loch wieder nach unten.
Wollen Sie eine Reihe von Kreuzstichen sticken, arbeiten Sie von rechts nach links eine Reihe diagonaler Stiche mit gleichmäßigem Abstand über die angegebene Anzahl von Stofffäden. Dann geht man mit diagonalen Stichen in die andere Richtung zurück, um die Kreuzstiche fertig zu stellen. Achten Sie darauf, dass jeder Kreuzstich in dieselbe Richtung gearbeitet wird. Wenn erforderlich, können Sie Ihre Stickerei auch drehen und in der Senkrechte sticken, um die Arbeit zu erleichtern.

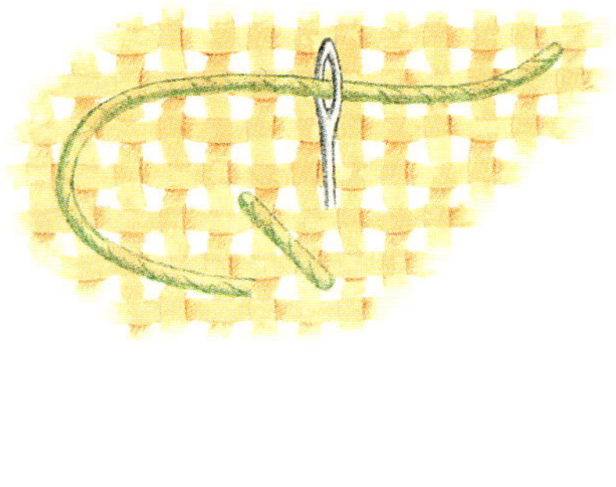

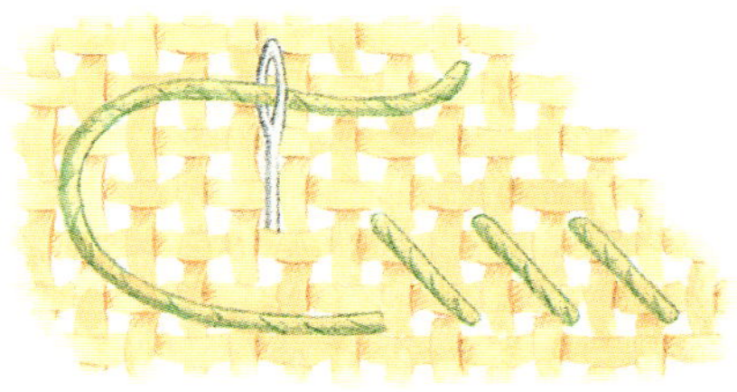

Steppstich

Steppstiche werden in der Stickvorlage durch eine fett gedruckte Linie angezeigt; die Farbe des Steppstichs ist durch ein Symbol gekennzeichnet, das mit einem Pfeil auf die Linie zeigt. Verwenden Sie einen oder zwei Fäden des Sticktwistes, wie in der Vorlage angegeben. Führen Sie die Nadel von unten nach oben durch den Stoff und eine Stichlänge hinter dem ersten Punkt wieder nach unten. Die Nadel wird dann auf der Unterseite des Stoffes geführt und kommt eine Stichlänge vor dem ersten Punkt wieder heraus. Arbeiten Sie jeden Steppstich über dieselbe Anzahl von Stofffäden, um eine gleichmäßige Linie zu erhalten.

Sticken nach Vorlage

Zu jedem Projekt in diesem Buch gibt es eine eigene Vorlage, der genau zu entnehmen ist, welche Farben wo gestickt werden; dabei entspricht jedes Kästchen der Vorlage einem Kreuzstich. Vielleicht ist es für Sie eine Erleichterung, wenn Sie die Vorlage zunächst fotokopieren und eventuell vergrößern, bevor Sie schließlich mit dem Sticken beginnen.

Arbeiten Sie immer von der Mitte der Vorlage ausgehend nach außen. Einige Stickerinnen haken die Kästchen ab oder malen sie während des Stickens farbig aus, um der Vorlage leichter folgen zu können. Sie können auch ein Lineal unter die jeweils zu stickende Linie legen.

Fertigstellung

Nach Beendigung der Stickerei lösen Sie den Stoff vom Rahmen und schneiden alle überflüssigen Fadenenden auf der Rückseite des Stoffes ab. Sollte die Stickerei ein wenig schmutzig geworden sein, waschen Sie sie vorsichtig mit Feinwaschmittel in handwarmem Wasser.
Spülen Sie sie aus und legen Sie sie mit der Stickerei nach unten auf ein Handtuch.
Wenn sie noch ein wenig feucht ist, können Sie sie mit einem warmen Bügeleisen auf der Rückseite bügeln, um eventuelle Knicke zu entfernen.

Aufziehen der Stickerei

Schneiden Sie einen festen Karton auf das Innenmaß des von Ihnen gewählten Rahmens zu. Markieren Sie die horizontale und die vertikale Mittellinie auf dem Karton.
Legen Sie den Stoff mit der Stickerei nach unten auf eine Unterlage und den Karton so auf den Stoff, dass die markierten Mittellinien auf dem Stoff mit den Linien auf dem Karton übereinstimmen.
Legen Sie zwei gegenüberliegende Stoffkanten so um, dass sie an den Ecken diagonal auslaufen, und verschnüren Sie dann die Kanten mit einem starken Faden. Wiederholen Sie das Ganze mit den beiden anderen Kanten. Zum Schluss ziehen Sie den Faden straff an, um den Stoff gleichmäßig fest zu spannen. Zum Versäubern nähen Sie dann die aufeinander treffenden Winkel an den Ecken mit feinen Stichen zusammen.

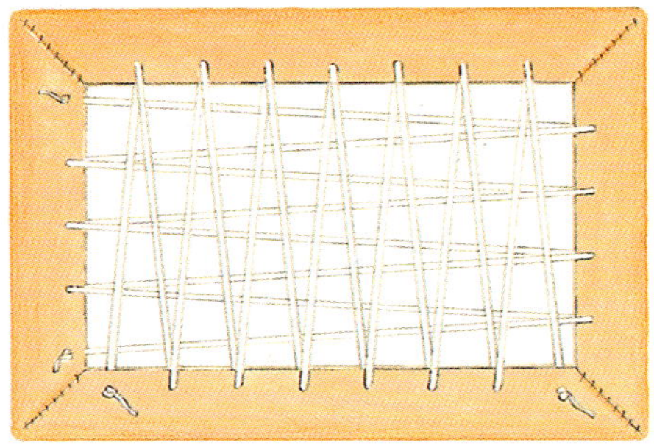

Danksagung der Autorin

Ich bin mit Blumen aufgewachsen und lebe auch heute noch in einer Gemeinde, in der Blumen nicht nur zur Arbeit, sondern auch zum Leben gehören. Ich glaube, dass erst dadurch dieses Buch möglich geworden ist.

Ich möchte allen stickenden Mithelferinnen dafür danken, dass sie die wunderschönen Bilder in diesem Buch hergestellt haben. Weiterhin möchte ich mich bei dem Verlag Murdoch Books UK für die Zusammenarbeit während dieses Projekts bedanken.

Bezugsquellen

Fixpackungen sind erhältlich bei:

Fa. Thea Gouverneur bv
Hoofdstraat 78a
2171 AV Sassenheim
Niederlande
Tel.: +31(0)252 214 453
Fax: +31(0)252 224 067

Engbert J. Blok
Halsbekerstraße 43
26655 Westerstede
Deutschland